Portugiesisch Lernen:
Sprichwörter
Redewendungen
Ausdrücke

von

Eveline Turelli

Leider ist **Portugiesisch** alles andere als eine leicht zu erlernende Sprache.

Die beste Methode, um Portugiesisch zu meistern, ist deshalb, die beliebtesten sprachlichen Wendungen, Ausdrücke und Sprichwörter auswendig zu lernen.

In diesem Buch finden Sie unter jeder portugiesischen Wendung die entsprechende deutsche Version, die Ihnen hilft, die Bedeutung vollständig zu erfassen.

Lernen Sie mehr als 200 portugiesische Sprichwörter, Redewendungen und alltägliche Ausdrücke mit ihrer deutschen Übersetzung und erleben Sie, wie viel Spaß Portugiesisch machen kann!

Sprichwörter
(Provérbios)

1) **A bom entendedor, meia palavra basta.**

Dem Weisen genügt ein Wort.

2) **A cavalo dado não se olham os dentes.**

Einem geschenkten Gaul schaut man nicht ins Maul.

3) **Ajuda-te a ti mesmo e Deus te ajudará.**

Hilf dir selbst, so hilft dir Gott.

4) **A mal desesperado, remédio heróico.**

Para grandes males, grandes remédios.

Außergewöhnliche Situationen erfordern außergewöhnliche Maßnahmen.

5) **Em terra de cegos, quem tem um olho é rei.**

Unter (den) Blinden ist der Einäugige König.

6) **A ocasião faz o ladrão.**

Gelegenheit macht Diebe.

7) **Cada qual constrói o seu destino.**

Jeder ist seines Glückes Schmied.

8) **Cão que ladra, não morde.**

Hunde, die bellen, beißen nicht.

9) **Quem boa cama fizer, nela se deitará.**

Was man sich eingebrockt hat, das muss man auch auslöffeln.

Wie man sich bettet, so liegt man.

10) **Malha-se o ferro enquanto está quente.**

Man muss das Eisen schmieden, solange es heiß ist.

11) **Não há pior surdo que aquele que não quer ouvir.**

Keiner ist so taub wie der, der nicht hören will.

12) **Não deixes para amanhã o que podes fazer hoje.**

Was du heute kannst besorgen, das verschiebe nicht auf morgen.

13) **Uma desgraça nunca vem só.**

Ein Unglück kommt selten allein.

14) **Na falta de capão, cebola e pão.**

Quem não tem cachorro, caça com gato.

In der Not schmeckt jedes Brot.

In der Not frisst der Teufel Fliegen.

15) **Não vendas a pele do urso antes de matá-lo.**

Não se deve contar com o ovo no cu da galinha.

Man soll den Tag nicht vor dem Abend loben.

Man soll das Fell des Bären nicht verteilen, bevor er erlegt ist.

16) **Comer e coçar, tudo está em começar.**

Der Appetit kommt beim Essen.

17) **O dinheiro não tem cheiro.**

Geld stinkt nicht.

18) **Os fins justificam os meios.**

Der Zweck heiligt die Mittel.

19) **Errar é humano, persistir no erro é ser politico / é burrice.**

Irren ist menschlich, aber auf Irrtümern zu bestehen ist teuflisch.

20) **Não se pode julgar um livro pela capa.**

O hábito não faz o monge.

Der Schein trügt.

Die Kutte macht noch keinen Mönch.

21) **A ociosidade é a mãe de todos os vícios.**

Cabeça vazia, oficina do diabo.

Müßiggang ist aller Laster Anfang.

22) **De boas intenções está o Inferno cheio.**

Der Weg zur Hölle ist mit guten Vorsätzen gepflastert.

23) **Ao homem ousado a fortuna estende a mão.**

Dem Mutigen gehört die Welt.

24) **O travesseiro é o melhor conselheiro.**

A noite traz bom conselho.

Guter Rat kommt über Nacht.

25) **A palavra é prata, o silêncio é ouro.**

Reden ist Silber, Schweigen ist Gold.

26) **A vingança é um prato que se come frio.**

Rache ist ein Gericht, das am besten kalt serviert wird.

27) **Nos trabalhos se reconhecem os amigos.**

Ein Freund in der Not ist ein wahrer Freund.

Ein Freund in der Not ist ein Freund in der Tat.

28) **Não há rosas sem espinhos.**

Keine Rose ohne Dornen.

29) **Quando o gato sai, os ratos fazem a festa.**

Patrão fora, dia santo na loja.

Wenn die Katze aus dem Haus ist, tanzen die Mäuse auf dem Tisch.

Ist die Katze aus dem Haus, tanzen die Mäuse auf dem Tisch.

30) **As palavras vão e vêm, apenas permanece a palavra escrita.**

Worte fliegen weg, Schriften bleiben.

31) **Olhos que não vêem, coração que não sente.**

Longe dos olhos, longe do coração.

Was ich nicht weiß, macht mich nicht heiß.

Aus den Augen aus dem Sinn.

32) **Antes só (do) que mal acompanhado.**

Besser allein als in schlechter Gesellschaft.

33) **Mais vale prevenir (do) que remediar.**

Vorbeugen ist besser als heilen.
Doppelt genäht hält besser.

34) **Antes tarde do que nunca.**

Besser spät als nie.

35) **(A) roupa suja se lava em casa.**

Wasche nicht öffentlich deine schmutzige Wäsche.
Schmutzige Wäsche wäscht man zu Hause.

36) **Olho por olho, dente por dente.**

Auge um Auge, Zahn um Zahn.

37) **Não se pode ter sol na eira e chuva no nabal.**

Man kann nicht auf allen Hochzeiten gleichzeitig tanzen.
Man kann nicht den Fünfer und das Weggli haben.

38) **Em terra de sapos, de cócoras como eles.**

Em Roma sê romano.

Andere Länder, andere Sitten.

Man muss mit den Wölfen heulen.

39) **Roma não se fez num dia.**

Rom wurde auch nicht an einem Tag erbaut.

40) **Falando do diabo, apareceu o rabo.**

Falai no lobo, ver-lhe-eis a pele.

Wenn man vom Teufel spricht, dann ist er nicht weit.

Wenn man vom Wolfe spricht, kommt er gerannt.

41) **Quem procura sempre acha.**

Wer suchet, der findet.

42) **Quem muito abarca, pouco aperta / abraça.**

Wer zuviel fasst, lässt viel fallen.

43) **Quem cala consente.**

Wer schweigt, stimmt zu.

44) **Quem não arrisca, não petisca.**
Coração fraco não merece dama.

Wer nicht wagt, der nicht gewinnt.

45) **Quem semeia ventos, colhe tempestades.**

Wer Wind sät, wird Sturm ernten.

46) **Amanhã é outro dia.**

Morgen ist auch noch ein Tag.

47) **Devagar se vai ao longe.**
Quem anda alcança, quem corre cansa.
A pressa é inimiga da perfeição.
Depressa e bem não há quem.

Eile mit Weile.
Blinder Eifer schadet nur.

48) **Quem com ferro fere, com ferro será ferido.**

Wer mit dem Schwert kämpft, wird durch das Schwert sterben.

Wer das Schwert ergreift, der soll durchs Schwert umkommen.

49) **Quem viver, verá as voltas que o mundo dá.**

Abwarten und Tee trinken.

50) **Quem ri por último, ri melhor.**

Wer zuletzt lacht, lacht am besten.

51) **Enquanto há vida, há esperança.**
A esperança é a última a morrer.

Solange es Leben gibt, gibt es Hoffnung.

52) **Todos os caminhos vão dar a Roma.**

Alle Wege führen nach Rom.

53) **Tal pai, tal filho.**

Filho de peixe peixinho é.

Wie der Vater, so der Sohn.

Der Apfel fällt nicht weit vom Stamm.

54) **Tantas vezes vai o cântaro à fonte que lá deixa a asa.**

A curiosidade matou o gato.

Neugier ist der Katze Tod.

Neugierige Katzen verbrennen sich die Tatzen.

Der Krug geht so lange zum Brunnen, bis er bricht.

55) **Nem tudo que reluz é ouro.**

Es ist nicht alles Gold, was glänzt.

56) **Tudo é bom quando acaba bem.**

Bem está o que bem acaba.

Ende gut, alles gut.

57) **Homem prevenido vale por dois.**

Gefahr erkannt, Gefahr gebannt.

58) **Mais vale um pássaro na mão que dois a voar.**

Mais vale um ovo hoje que uma galinha amanhã.

Besser den Spatz in der Hand als die Taube auf dem Dach.

59) **Uma andorinha só não faz verão.**

Eine Schwalbe macht noch keinen Sommer.

60) **Querer é poder.**

Wo ein Wille ist, ist auch ein Weg.

61) **Não faças aos outros o que não queres que te façam a ti.**

Was du nicht willst, dass man dir tu, das füg auch keinem andern zu.

62) **Uma mão lava a outra (e ambas o rosto).**

Eine Hand wäscht die andere.

63) **Não adianta chorar o leite derramado.**

Über vergossene Milch soll man nicht jammern.
Über verschüttete Milch lohnt sich nicht zu weinen.

64) **O que bem começa, bem acaba.**
Trabalho bem começado, meio acabado.

Gut begonnen, ist halb gewonnen.
Frisch gewagt, ist halb gewonnen.

65) **Deus ajuda quem cedo madruga.**

Morgenstund hat Gold im Mund.

66) **Rico será quem com bons amigos puder contar.**

Ein guter Freund ist Gold wert.

67) **Quem queira durar, aprenda a suportar.**

Alcança quem não cansa.

Steter Tropfen höhlt den Stein.

Beharrlichkeit führt zum Ziel.

68) **A cada bacorinho vem o seu São Martinho.**

A cada porco chega o São Tomé.

O que sobe sempre cai.

Aqui se faz, aqui se paga.

Quem laço me armou, nele caiu.

Quem arma a esparrela muitas vezes cai nela.

Wer anderen eine Grube gräbt, fällt selbst hinein.

Wie man in den Wald hineinruft, so schallt es heraus.

69) **Aves da mesma pena andam juntas.**

Cada qual com seu igual e cada ovelha com sua parelha.

Gleich und gleich gesellt sich gern.

70) **A galinha da minha vizinha é sempre melhor (do) que a minha.**

A grama é sempre mais verde do lado do vizinho.

Die Kirschen in Nachbars Garten schmecken immer süßer.

71) **Entre pai e irmãos não metas as mãos.**

Man muss die Finger nicht zwischen Tür und Angel stecken.

72) **Quem com cães se deita com pulgas se levanta.**

Quem se mistura com porcos, farelos come.

Wer mit Hunden zu Bett geht, steht mit Flöhen (wieder) auf.

73) **Dize-me com quem andas, dir-te-ei quem és.**

Sage mir, mit wem du gehst, und ich sage dir, wer du bist.

74) **Pau que nasce torto tarde ou nunca se endireita.**

Passarinho que na água se cria, sempre por ela pia.

Die Katze lässt das Mausen nicht.

75) **Azar no jogo sorte no amor.**

Pech im Spiel, Glück in der Liebe.

76) **Promessa é dívida.**

Versprochen ist versprochen.

77) **O sujo falando do mal lavado.**

Ein Esel schimpft den anderen Langohr.

78) **A mentira tem pernas curtas.**

Lügen haben kurze Beine.

79) **Não há melhor mestra que a necessidade e a pobreza.**

Not macht erfinderisch.

80) **Não acordes o cão que dorme.**

Schlafende Hunde soll man nicht wecken.

81) **Há males que vêm para o bem.**

Auf Regen folgt Sonnenschein.

82) **Pão, pão, queijo, queijo.**

Die Dinge beim (rechten) Namen nennen.

83) **A prática leva à perfeição.**

Übung macht den Meister.

84) **Gostos não se discutem.**

Über Geschmack lässt sich nicht streiten.

85) **Da mão à boca perde-se a sopa.**

Dizer e fazer não comem à mesma mesa.

Von den Worten zu den Taten ist es ein weiter Weg.

Leichter gesagt als getan.

86) **Um prego expulsa outro.**

Ein Nagel treibt den andern.

87) **Uma maçã por dia mantém o médico bem longe.**

Ein Apfel am Tag hält den Doktor in Schach.

88) **Quem é mensageiro não merece pancadas.**

Den Boten trifft keine Schuld.

89) **Quem ama o feio, bonito lhe parece.**

A beleza está nos olhos de quem a vê.

Schönheit liegt im Auge des Betrachters.

90) **A César o que é de César.**

Gebt dem Kaiser, was des Kaisers ist.

91) **Elogio em boca própria é vitupério.**

Eigenlob stinkt, Eigenruhm hinkt.

92) **Cada um colhe conforme semeia.**

Wie die Saat, so die Ernte.

93) **Do que é novo gosta o povo.**

In der Abwechslung liegt die Würze des Lebens.

94) **Quem pouco tem, pouco lhe basta.**

Allzuviel ist ungesund.

95) **Quem primeiro chega, primeiro é servido.**

Wer zuerst kommt, mahlt zuerst.

96) **A raposa dormente não lhe amanhece galinha no ventre.**

Früher Vogel fängt den Wurm.

97) **Não há amor como o primeiro.**

Alte Liebe rostet nicht.

98) **Pelo fruto se conhece a árvore.**

An der Frucht erkennt man den Baum.

99) **Feita a lei, cuidada a malícia.**

Sobald Gesetz ersonnen, wird Betrug begonnen.

100) **Rei morto, rei posto!**

Der König ist tot, lang lebe der König!

101) **O homem propõe, e Deus dispõe.**

Der Mensch denkt, Gott lenkt.

102) **Em casa de ferreiro, espeto de pau.**

Des Schusters Frau geht in geflickten Schuhen zur Schau.

Der Schuster trägt die schlechtesten Schuhe.

103) **A excepção confirma a regra.**

Ausnahmen bestätigen die Regel.

104) **Primeiro a obrigação (e) depois a devoção.**

Erst die Arbeit, dann das Vergnügen.

105) **Viva e deixe viver.**

Leben und leben lassen.

106) **O trabalho enobrece / dignifica o homem.**

Arbeit adelt.

107) Os opostos se atraem.

Gegensätze ziehen sich an.

108) Dor compartilhada é dor aliviada.

Mal de muitos, consolo é.

Geteiltes Leid ist halbes Leid.

Ein schwacher Trost, dass es andern auch schlecht geht.

109) O amor é cego.

Liebe macht blind.

110) Vaso ruim não quebra.

Unkraut vergeht nicht.

111) Se Maomé não vai à montanha, a montanha vai a Maomé.

Wenn der Berg nicht zum Propheten kommt, muss der Prophet zum Berg kommen.

112) **O hóspede e o peixe aos três dias aborrecem.**

Der Gast ist wie der Fisch, er bleibt nicht lange frisch.

113) **O seu ao seu dono.**

Jedem das Seine.

114) **O tempo cura tudo.**

Die Zeit heilt alle Wunden.

115) **Nenhuma notícia é uma boa notícia.**

Keine Nachrichten sind gute Nachrichten.

116) **Quem vai ao mar perde o lugar.**
Foi ao vento perdeu o assento.

Wer weggeht, verliert seinen Platz.

117) **Cá e lá, más fadas há.**

In jeder Küche gibt es zerbrochene Töpfe.

118) **(As) boas contas fazem (os) bons amigos.**

Richtige Rechnung macht gute Freunde.

119) **Cada um vê o argueiro no olho do vizinho e não vê a trave no seu.**

Man sieht den Splitter im fremden Auge, im eigenen den Balken nicht.

120) **Não se pode tirar leite de pedra.**

Grobes Tuch gibt kein feines Kleid.

Redewendungen
(Expressões Idiomáticas)

1) **Matar dois coelhos com uma cajadada só.**

Zwei Fliegen mit einer Klappe schlagen.

2) **Chove a cântaros.**

Es regnet Bindfäden.
Es schüttet wie aus Eimern.

3) **Fugiu de Cila, caiu em Caribde.**

Vom Regen in die Traufe.

4) **Dar carta branca.**

Jemandem grünes Licht geben.

5) **Comer grama pela raiz.**

Die Radieschen von unten betrachten.
Ins Gras beißen.

6) **Quando a galinha criar dentes.**
No dia de São Nunca.

(Du kannst warten) bis die Kühe nach Hause kommen.
Da kannst du warten, bis du schwarz wirst.

7) **É a última gota d'água que faz transbordar o cálice.**

Der Tropfen, der das Fass zum Überlaufen bringt.

8) **Estar com o bicho carpinteiro.**

Hummeln im Hintern haben.

9) **(Algo) não me cheira nada bem.**

Nachtigall, ich hör dir trapsen!
Lunte riechen.

10) **Estar com rodeios.**

Auf die lange Bank schieben.
Um den heißen Brei herumreden.

11) **Ir direto ao assunto.**

Zur Sache / zum Punkt kommen.

12) **Botar o carro na frente dos bois.**
Pôr a carroça à frente dos bois.

Den Ochsen hinter den Pflug spannen.
Das Pferd von hinten aufzäumen.

13) **São outros quinhentos.**

Ein anderes Paar Schuhe.

14) (Como) procurar uma agulha num palheiro.

Die (Steck)nadel im Heuhaufen suchen.

15) Sentar-se com as ovelhas e caçar com os lobos.

Meter um pé em cada canoa.

Auf zwei Hochzeiten tanzen.

16) Trocar seis por meia dúzia.

Das ist gehupft wie gesprungen.
Das ist Jacke wie Hose.

17) Pagar com a mesma moeda.
Dar o troco.

Wie du mir, so ich dir.
Gleiches mit Gleichem vergelten.

18) Fazer boa cara apesar da situação.

Gute Miene zum bösen Spiel machen.

19) **Nascer em berço de ouro.**

Mit einem goldenen / silbernen Löffel im Mund geboren worden sein.

20) **Ser carne e unha.**

Mit jemandem eng befreundet sein.
Unter einer Decke stecken.

21) **Estar entre a cruz e a espada.**
Estar entre a bigorna e o martelo.

Zwischen Baum und Borke stehen.

22) **Procurar pêlo em ovo.**

Das Haar in der Suppe suchen.

23) **A cereja do bolo.**

Das i-Tüpfelchen.

24) Jogar a toalha.

Das Handtuch werfen.

25) Um osso duro de roer.

Eine harte Nuss.
Ein harter Brocken.

26) Dormir como uma pedra.

Schlafen wie ein Murmeltier.

27) Dar água na boca.

Jemandem läuft das Wasser im Mund zusammen.

28) Engolir sapo.

In den sauren Apfel beißen.

29) Ter mão boa para as plantas.

Einen grünen Daumen haben.

30) **Segurar vela.**

Ficar velando.

Den Anstandswauwau spielen.

31) **Ter uma fome de leão.**

Estar com o estômago nas costas.

Ausgehungert sein.

32) **Ter o olho maior que a barriga.**

Seine Augen sind größer als der Mund / Magen.

33) **Pegar em flagrante.**

Jemanden auf frischer Tat ertappen.

34) **Dar um passo maior que a perna.**

Sich übernehmen.
Sich zu viel zumuten.

35) **Não aguentar mais algo.**

Von etwas / jemandem die Nase (gestrichen) voll haben.

36) **Procurar chifre em cabeça de cavalo.**

Haarspalterei.

37) **Por um fio.**
Por um triz.
Por uma unha negra.

Mit einem blauen Auge davonkommen.

38) **Dar com os burros n'água.**

Scheitern.

39) **Perdido por cem, perdido por mil.**

Wer A sagt, muss auch B sagen.

40) **Fazer ouvidos de mercador.**

Sich taub stellen.

41) **Agarrar o touro pelos cornos.**

Den Stier bei den Hörnern packen.

42) **Num piscar de olhos.**
Enquanto o Diabo esfrega um olho.

Im Handumdrehen.

43) **Fazer alguém de bobo.**

Durch den Kakao ziehen.

44) **Estar no sétimo céu.**
Estar como pinto no lixo.

Ganz aus dem Häuschen sein.
Wie im siebten Himmel sein.

45) **Ser mão de vaca.**

Ser pão duro.

Pfennigfuchser.

46) **Dar o braço a torcer.**

Den Gang nach Canossa antreten.

47) **Pisar em ovos.**

Wie auf Eiern gehen.

48) **A sorte está lançada.**

Die Würfel sind gefallen.

Alltägliche Ausdrücke
(Expressões Cotidianas)

1) **Entre, por favor**: *Komm herein*

2) **Ok, feito**: *Abgemacht!*

3) **Espere um momento, por favor**: *Bitte warten Sie einen Augenblick*

4) **Isso não é da tua conta**: *Kümmere dich um deine eigenen Angelegenheiten*

5) **Veja como fala**: *Pass auf, was du sagst!*

6) **Chega!**

Basta!: *Es reicht!*

7) **Que sorte (que você tem)!**: *Du Glückspilz!*

8) **Aconteça o que acontecer**: *Komme, was (da) wolle*

9) **O que há contigo?**: *Was ist (denn) mit dir los? / Was ist los mit dir?*

10) **Que pena!**: *Wie schade!*

11) **Cale-se!**

Cala sua boca!

Fique quieto!: *Halt den Mund! / Halt's Maul!*

12) **Como vai?**: *Wie geht's? / Wie läuft's?*

13) **De nada.**

Não há de que: *Keine Ursache/ Macht nichts*

14) **Que feio!**

Tenha vergonha!: *Schäm dich!*

15) **Que diabos é que você quer?**: *Was zum Teufel willst du?*

16) **Que besteira!**: *Blödsinn!*

17) **Meus pêsames**: *Mein Beileid*

18) **Essa não cola**: *Das kaufe ich dir nicht ab*

19) **O que é que está acontecendo?**: *Was zum Teufel geht hier vor (sich)?*

20) **De jeito nenhum!**

De maneira alguma!: *Ganz und gar nicht / überhaupt nicht*

21) **Você está falando sério?**: *Im Ernst? / Ist das dein Ernst?*

22) **Você é que resolve**: *Es hängt von dir ab*

23) **Saia do meu caminho!**: *Geh mir aus dem Weg!*

24) **Tenha cuidado!**: *Pass auf! / Achtung! / Vorsicht!*

25) **Fique à vontade**: *Aber natürlich!*

26) **Faça de conta que está em casa**: *Fühl dich wie zu Hause*

27) **Vai com calma**: *Nimm es leicht*

28) **Não importa.**

Não se preocupe: *Das tut nichts / Das ist nicht wichtig*

29) **Com os melhores cumprimentos.**

Lembranças: *(mit) Freundliche Grüße*

30) **É a sua vez**: *Du bist dran*

31) **Com todo o respeito**: *mit Verlaub / bei allem Respekt*

32) **Dedos cruzados**: *Ich drücke die Daumen*

33) **Feliz aniversário!**: *Alles Gute zum Geburtstag!*

34) **Me deixa em paz!**: *Lass mich alleine! / Lass mich in Frieden!*

35) **Estás a brincar comigo?**

Estás brincando comigo?: *Willst du mich auf den Arm nehmen? / Willst du mich verarschen?*

36) **Cuide-se**: *Pass auf dich auf!*

37) **Sou todo ouvidos**: *Ich bin ganz Ohr*

38) **Graças a Deus**: *Gott sei Dank / Gottlob*

39) **Boa sorte!**: *Viel Glück! Hals- und Beinbruch!*

40) **Desejo tudo de bom para você!**: *Alles Gute!*

41) **Não se incomode**: *Bemühe dich nicht! / Mach dir keine Mühe!*

42) **Parabéns a você!**: *(herzlichen) Glückwunsch!*

43) **Não me deixes puto da cara!**: *Mach mich bloß nicht sauer!*

44) **Até (logo)**: *Bis dann!*

45) **Pelo amor de Deus**: *Herrgott nochmal! / Um Gottes willen!*

46) **Porra!**
Puta merda!: *Scheiße! / Verdammt noch mal! / Verdammter Mist!*

47) **Posso te pegar uma cerveja?**: *Kann ich Ihnen etwas zu trinken holen?*

48) **Coitado / Coitadinho**: *Armer (Junge / Kerl / Gefährte)*

49) **Como está o tempo?**
Como é o clima?: *Wie ist das Wetter?*

50) **Eu estou (só) brincando**: *Ich scherze nur*

51) **Entendido!**: *Verstanden!*

52) **Saúde!** (espirro): *Gesundheit!*

53) **Saúde!** (brinde): *Prost!*

54) **Você è um chato.**
Você è um pé no saco: *Du gehst mir auf den Sack!*

55) **Depressa!**
Anda logo!: *Beeil dich!*

56) **Com licença**: *Wenn Sie mich jetzt entschuldigen*

57) **Como?**: *Wie bitte?*

58) **Desculpe!**: *Entschuldigung! / Verzeihung!*

59) **Não ligo para isso.**
Não estou nem aí: *Das interessiert mich nicht die Bohne*

60) **Estás com raiva de mim?**: *Bist du mir böse?*

61) **Sirva-se**: *Bitte bedienen Sie sich*

62) **Sente-se, por favor**: *Bitte nehmen Sie Platz! / Setzen Sie sich!*

63) **Bons sonhos.**
Dorme bem: *Träum was Schönes! / Schlaf gut!*

64) **Vai à merda!**

Foda-se!: *Fich dich! Fick dich ins Knie! Leck mich am Arsch!*

65) **Filho da puta!**: *Hurensohn!*

Vielen Dank, dass Sie dieses Buch verwendet haben. Wenn Sie ihn nützlich finden, geben Sie mir bitte ein Feedback.

Eveline

Milton Keynes UK
Ingram Content Group UK Ltd.
UKHW021136240724
446081UK00013B/595

9 798210 889126